Carnet
de
Mots de Passe

A

Appareil / Site internet :

Adresse mail :

Mot de passe :

Question secrète / mail de
récupération / téléphone :

Appareil / Site internet :

Adresse mail :

Mot de passe :

Question secrète / mail de
récupération / téléphone :

A

Appareil / Site internet :

Adresse mail :

Mot de passe :

Question secrète / mail de
récupération / téléphone :

Appareil / Site internet :

Adresse mail :

Mot de passe :

Question secrète / mail de
récupération / téléphone :

A

Appareil / Site internet :

Adresse mail :

Mot de passe :

Question secrète / mail de
récupération / téléphone :

Appareil / Site internet :

Adresse mail :

Mot de passe :

Question secrète / mail de
récupération / téléphone :

A

Appareil / Site internet :

Adresse mail :

Mot de passe :

Question secrète / mail de
récupération / téléphone :

Appareil / Site internet :

Adresse mail :

Mot de passe :

Question secrète / mail de
récupération / téléphone :

A

Appareil / Site internet :

Adresse mail :

Mot de passe :

Question secrète / mail de
récupération / téléphone :

Appareil / Site internet :

Adresse mail :

Mot de passe :

Question secrète / mail de
récupération / téléphone :

B

Appareil / Site internet :

Adresse mail :

Mot de passe :

Question secrète / mail de
récupération / téléphone :

Appareil / Site internet :

Adresse mail :

Mot de passe :

Question secrète / mail de
récupération / téléphone :

B

Appareil / Site internet :

....

Adresse mail :

....

Mot de passe :

....

Question secrète / mail de
récupération / téléphone :

....

Appareil / Site internet :

....

Adresse mail :

....

Mot de passe :

....

Question secrète / mail de
récupération / téléphone :

....

B

Appareil / Site internet :

Adresse mail :

Mot de passe :

Question secrète / mail de
récupération / téléphone :

Appareil / Site internet :

Adresse mail :

Mot de passe :

Question secrète / mail de
récupération / téléphone :

B

Appareil / Site internet :

....

Adresse mail :

....

Mot de passe :

....

Question secrète / mail de
récupération / téléphone :

....

Appareil / Site internet :

....

Adresse mail :

....

Mot de passe :

....

Question secrète / mail de
récupération / téléphone :

....

B

Appareil / Site internet :

Adresse mail :

Mot de passe :

Question secrète / mail de
récupération / téléphone :

Appareil / Site internet :

Adresse mail :

Mot de passe :

Question secrète / mail de
récupération / téléphone :

B

Appareil / Site internet :

....

Adresse mail :

....

Mot de passe :

....

Question secrète / mail de
récupération / téléphone :

....

Appareil / Site internet :

....

Adresse mail :

....

Mot de passe :

....

Question secrète / mail de
récupération / téléphone :

....

C

Appareil / Site internet :

Adresse mail :

Mot de passe :

Question secrète / mail de
récupération / téléphone :

Appareil / Site internet :

Adresse mail :

Mot de passe :

Question secrète / mail de
récupération / téléphone :

C

Appareil / Site internet :

Adresse mail :

Mot de passe :

Question secrète / mail de
récupération / téléphone :

Appareil / Site internet :

Adresse mail :

Mot de passe :

Question secrète / mail de
récupération / téléphone :

C

Appareil / Site internet :

Adresse mail :

Mot de passe :

Question secrète / mail de
récupération / téléphone :

Appareil / Site internet :

Adresse mail :

Mot de passe :

Question secrète / mail de
récupération / téléphone :

C

Appareil / Site internet :

Adresse mail :

Mot de passe :

Question secrète / mail de
récupération / téléphone :

Appareil / Site internet :

Adresse mail :

Mot de passe :

Question secrète / mail de
récupération / téléphone :

C

Appareil / Site internet :

Adresse mail :

Mot de passe :

Question secrète / mail de
récupération / téléphone :

Appareil / Site internet :

Adresse mail :

Mot de passe :

Question secrète / mail de
récupération / téléphone :

C

Appareil / Site internet :

Adresse mail :

Mot de passe :

Question secrète / mail de
récupération / téléphone :

Appareil / Site internet :

Adresse mail :

Mot de passe :

Question secrète / mail de
récupération / téléphone :

D

Appareil / Site internet :

Adresse mail :

Mot de passe :

Question secrète / mail de
récupération / téléphone :

Appareil / Site internet :

Adresse mail :

Mot de passe :

Question secrète / mail de
récupération / téléphone :

D

Appareil / Site internet :

Adresse mail :

Mot de passe :

Question secrète / mail de
récupération / téléphone :

Appareil / Site internet :

Adresse mail :

Mot de passe :

Question secrète / mail de
récupération / téléphone :

D

Appareil / Site internet :

Adresse mail :

Mot de passe :

Question secrète / mail de
récupération / téléphone :

Appareil / Site internet :

Adresse mail :

Mot de passe :

Question secrète / mail de
récupération / téléphone :

D

Appareil / Site internet :

Adresse mail :

Mot de passe :

Question secrète / mail de
récupération / téléphone :

Appareil / Site internet :

Adresse mail :

Mot de passe :

Question secrète / mail de
récupération / téléphone :

D

Appareil / Site internet :

Adresse mail :

Mot de passe :

Question secrète / mail de
récupération / téléphone :

Appareil / Site internet :

Adresse mail :

Mot de passe :

Question secrète / mail de
récupération / téléphone :

E

Appareil / Site internet :

Adresse mail :

Mot de passe :

Question secrète / mail de
récupération / téléphone :

Appareil / Site internet :

Adresse mail :

Mot de passe :

Question secrète / mail de
récupération / téléphone :

E

Appareil / Site internet :

Adresse mail :

Mot de passe :

Question secrète / mail de
récupération / téléphone :

Appareil / Site internet :

Adresse mail :

Mot de passe :

Question secrète / mail de
récupération / téléphone :

E

Appareil / Site internet :

Adresse mail :

Mot de passe :

Question secrète / mail de
récupération / téléphone :

Appareil / Site internet :

Adresse mail :

Mot de passe :

Question secrète / mail de
récupération / téléphone :

E

Appareil / Site internet :

Adresse mail :

Mot de passe :

Question secrète / mail de
récupération / téléphone :

Appareil / Site internet :

Adresse mail :

Mot de passe :

Question secrète / mail de
récupération / téléphone :

E

Appareil / Site internet :

....

Adresse mail :

....

Mot de passe :

....

Question secrète / mail de
récupération / téléphone :

....

Appareil / Site internet :

....

Adresse mail :

....

Mot de passe :

....

Question secrète / mail de
récupération / téléphone :

....

F

Appareil / Site internet :

Adresse mail :

Mot de passe :

Question secrète / mail de
récupération / téléphone :

Appareil / Site internet :

Adresse mail :

Mot de passe :

Question secrète / mail de
récupération / téléphone :

F

Appareil / Site internet :

Adresse mail :

Mot de passe :

Question secrète / mail de
récupération / téléphone :

Appareil / Site internet :

Adresse mail :

Mot de passe :

Question secrète / mail de
récupération / téléphone :

F

Appareil / Site internet :

Adresse mail :

Mot de passe :

Question secrète / mail de
récupération / téléphone :

Appareil / Site internet :

Adresse mail :

Mot de passe :

Question secrète / mail de
récupération / téléphone :

F

Appareil / Site internet :

Adresse mail :

Mot de passe :

Question secrète / mail de
récupération / téléphone :

Appareil / Site internet :

Adresse mail :

Mot de passe :

Question secrète / mail de
récupération / téléphone :

F

Appareil / Site internet :

Adresse mail :

Mot de passe :

Question secrète / mail de récupération / téléphone :

Appareil / Site internet :

Adresse mail :

Mot de passe :

Question secrète / mail de récupération / téléphone :

G

Appareil / Site internet :

Adresse mail :

Mot de passe :

Question secrète / mail de
récupération / téléphone :

Appareil / Site internet :

Adresse mail :

Mot de passe :

Question secrète / mail de
récupération / téléphone :

G

Appareil / Site internet :

Adresse mail :

Mot de passe :

Question secrète / mail de
récupération / téléphone :

Appareil / Site internet :

Adresse mail :

Mot de passe :

Question secrète / mail de
récupération / téléphone :

G

Appareil / Site internet :

Adresse mail :

Mot de passe :

Question secrète / mail de
récupération / téléphone :

Appareil / Site internet :

Adresse mail :

Mot de passe :

Question secrète / mail de
récupération / téléphone :

G

Appareil / Site internet :

Adresse mail :

Mot de passe :

Question secrète / mail de
récupération / téléphone :

Appareil / Site internet :

Adresse mail :

Mot de passe :

Question secrète / mail de
récupération / téléphone :

G

Appareil / Site internet :

Adresse mail :

Mot de passe :

Question secrète / mail de
récupération / téléphone :

Appareil / Site internet :

Adresse mail :

Mot de passe :

Question secrète / mail de
récupération / téléphone :

H

Appareil / Site internet :

Adresse mail :

Mot de passe :

Question secrète / mail de
récupération / téléphone :

Appareil / Site internet :

Adresse mail :

Mot de passe :

Question secrète / mail de
récupération / téléphone :

H

Appareil / Site internet :

Adresse mail :

Mot de passe :

Question secrète / mail de
récupération / téléphone :

Appareil / Site internet :

Adresse mail :

Mot de passe :

Question secrète / mail de
récupération / téléphone :

H

Appareil / Site internet :

Adresse mail :

Mot de passe :

Question secrète / mail de
récupération / téléphone :

Appareil / Site internet :

Adresse mail :

Mot de passe :

Question secrète / mail de
récupération / téléphone :

H

Appareil / Site internet :

Adresse mail :

Mot de passe :

Question secrète / mail de
récupération / téléphone :

Appareil / Site internet :

Adresse mail :

Mot de passe :

Question secrète / mail de
récupération / téléphone :

H

Appareil / Site internet :

Adresse mail :

Mot de passe :

Question secrète / mail de
récupération / téléphone :

Appareil / Site internet :

Adresse mail :

Mot de passe :

Question secrète / mail de
récupération / téléphone :

I

Appareil / Site internet :

Adresse mail :

Mot de passe :

Question secrète / mail de
récupération / téléphone :

Appareil / Site internet :

Adresse mail :

Mot de passe :

Question secrète / mail de
récupération / téléphone :

I

Appareil / Site internet :

Adresse mail :

Mot de passe :

Question secrète / mail de
récupération / téléphone :

Appareil / Site internet :

Adresse mail :

Mot de passe :

Question secrète / mail de
récupération / téléphone :

I

Appareil / Site internet :

....

Adresse mail :

....

Mot de passe :

....

Question secrète / mail de
récupération / téléphone :

....

Appareil / Site internet :

....

Adresse mail :

....

Mot de passe :

....

Question secrète / mail de
récupération / téléphone :

....

I

Appareil / Site internet :

Adresse mail :

Mot de passe :

Question secrète / mail de
récupération / téléphone :

Appareil / Site internet :

Adresse mail :

Mot de passe :

Question secrète / mail de
récupération / téléphone :

I

Appareil / Site internet :

....

Adresse mail :

....

Mot de passe :

....

Question secrète / mail de
récupération / téléphone :

....

Appareil / Site internet :

....

Adresse mail :

....

Mot de passe :

....

Question secrète / mail de
récupération / téléphone :

....

J

Appareil / Site internet :

Adresse mail :

Mot de passe :

Question secrète / mail de
récupération / téléphone :

Appareil / Site internet :

Adresse mail :

Mot de passe :

Question secrète / mail de
récupération / téléphone :

J

Appareil / Site internet :

Adresse mail :

Mot de passe :

Question secrète / mail de
récupération / téléphone :

Appareil / Site internet :

Adresse mail :

Mot de passe :

Question secrète / mail de
récupération / téléphone :

J

Appareil / Site internet :

Adresse mail :

Mot de passe :

Question secrète / mail de récupération / téléphone :

Appareil / Site internet :

Adresse mail :

Mot de passe :

Question secrète / mail de récupération / téléphone :

J

Appareil / Site internet :

Adresse mail :

Mot de passe :

Question secrète / mail de
récupération / téléphone :

Appareil / Site internet :

Adresse mail :

Mot de passe :

Question secrète / mail de
récupération / téléphone :

J

Appareil / Site internet :

Adresse mail :

Mot de passe :

Question secrète / mail de
récupération / téléphone :

Appareil / Site internet :

Adresse mail :

Mot de passe :

Question secrète / mail de
récupération / téléphone :

K

Appareil / Site internet :

....

Adresse mail :

....

Mot de passe :

....

Question secrète / mail de
récupération / téléphone :

....

Appareil / Site internet :

....

Adresse mail :

....

Mot de passe :

....

Question secrète / mail de
récupération / téléphone :

....

K

Appareil / Site internet :

Adresse mail :

Mot de passe :

Question secrète / mail de
récupération / téléphone :

Appareil / Site internet :

Adresse mail :

Mot de passe :

Question secrète / mail de
récupération / téléphone :

K

Appareil / Site internet :

Adresse mail :

Mot de passe :

Question secrète / mail de
récupération / téléphone :

Appareil / Site internet :

Adresse mail :

Mot de passe :

Question secrète / mail de
récupération / téléphone :

K

Appareil / Site internet :

Adresse mail :

Mot de passe :

Question secrète / mail de
récupération / téléphone :

Appareil / Site internet :

Adresse mail :

Mot de passe :

Question secrète / mail de
récupération / téléphone :

K

Appareil / Site internet :

Adresse mail :

Mot de passe :

Question secrète / mail de
récupération / téléphone :

Appareil / Site internet :

Adresse mail :

Mot de passe :

Question secrète / mail de
récupération / téléphone :

L

Appareil / Site internet :

Adresse mail :

Mot de passe :

Question secrète / mail de
récupération / téléphone :

Appareil / Site internet :

Adresse mail :

Mot de passe :

Question secrète / mail de
récupération / téléphone :

L

Appareil / Site internet :

Adresse mail :

Mot de passe :

Question secrète / mail de
récupération / téléphone :

Appareil / Site internet :

Adresse mail :

Mot de passe :

Question secrète / mail de
récupération / téléphone :

L

Appareil / Site internet :

Adresse mail :

Mot de passe :

Question secrète / mail de
récupération / téléphone :

Appareil / Site internet :

Adresse mail :

Mot de passe :

Question secrète / mail de
récupération / téléphone :

L

Appareil / Site internet :

Adresse mail :

Mot de passe :

Question secrète / mail de
récupération / téléphone :

Appareil / Site internet :

Adresse mail :

Mot de passe :

Question secrète / mail de
récupération / téléphone :

L

Appareil / Site internet :

Adresse mail :

Mot de passe :

Question secrète / mail de
récupération / téléphone :

Appareil / Site internet :

Adresse mail :

Mot de passe :

Question secrète / mail de
récupération / téléphone :

M

Appareil / Site internet :

Adresse mail :

Mot de passe :

Question secrète / mail de
récupération / téléphone :

Appareil / Site internet :

Adresse mail :

Mot de passe :

Question secrète / mail de
récupération / téléphone :

M

Appareil / Site internet :

Adresse mail :

Mot de passe :

Question secrète / mail de
récupération / téléphone :

Appareil / Site internet :

Adresse mail :

Mot de passe :

Question secrète / mail de
récupération / téléphone :

M

Appareil / Site internet :

Adresse mail :

Mot de passe :

Question secrète / mail de
récupération / téléphone :

Appareil / Site internet :

Adresse mail :

Mot de passe :

Question secrète / mail de
récupération / téléphone :

M

Appareil / Site internet :

Adresse mail :

Mot de passe :

Question secrète / mail de
récupération / téléphone :

Appareil / Site internet :

Adresse mail :

Mot de passe :

Question secrète / mail de
récupération / téléphone :

M

Appareil / Site internet :

Adresse mail :

Mot de passe :

Question secrète / mail de
récupération / téléphone :

Appareil / Site internet :

Adresse mail :

Mot de passe :

Question secrète / mail de
récupération / téléphone :

N

Appareil / Site internet :

Adresse mail :

Mot de passe :

Question secrète / mail de récupération / téléphone :

Appareil / Site internet :

Adresse mail :

Mot de passe :

Question secrète / mail de récupération / téléphone :

N

Appareil / Site internet :

....

Adresse mail :

....

Mot de passe :

....

Question secrète / mail de
récupération / téléphone :

....

Appareil / Site internet :

....

Adresse mail :

....

Mot de passe :

....

Question secrète / mail de
récupération / téléphone :

....

N

Appareil / Site internet :

Adresse mail :

Mot de passe :

Question secrète / mail de
récupération / téléphone :

Appareil / Site internet :

Adresse mail :

Mot de passe :

Question secrète / mail de
récupération / téléphone :

N

Appareil / Site internet :

Adresse mail :

Mot de passe :

Question secrète / mail de
récupération / téléphone :

Appareil / Site internet :

Adresse mail :

Mot de passe :

Question secrète / mail de
récupération / téléphone :

N

Appareil / Site internet :

Adresse mail :

Mot de passe :

Question secrète / mail de
récupération / téléphone :

Appareil / Site internet :

Adresse mail :

Mot de passe :

Question secrète / mail de
récupération / téléphone :

O

Appareil / Site internet :

Adresse mail :

Mot de passe :

Question secrète / mail de
récupération / téléphone :

Appareil / Site internet :

Adresse mail :

Mot de passe :

Question secrète / mail de
récupération / téléphone :

O

Appareil / Site internet :

Adresse mail :

Mot de passe :

Question secrète / mail de
récupération / téléphone :

Appareil / Site internet :

Adresse mail :

Mot de passe :

Question secrète / mail de
récupération / téléphone :

O

Appareil / Site internet :

Adresse mail :

Mot de passe :

Question secrète / mail de
récupération / téléphone :

Appareil / Site internet :

Adresse mail :

Mot de passe :

Question secrète / mail de
récupération / téléphone :

O

Appareil / Site internet :

Adresse mail :

Mot de passe :

Question secrète / mail de
récupération / téléphone :

Appareil / Site internet :

Adresse mail :

Mot de passe :

Question secrète / mail de
récupération / téléphone :

O

Appareil / Site internet :

Adresse mail :

Mot de passe :

Question secrète / mail de
récupération / téléphone :

Appareil / Site internet :

Adresse mail :

Mot de passe :

Question secrète / mail de
récupération / téléphone :

P

Appareil / Site internet :

Adresse mail :

Mot de passe :

Question secrète / mail de récupération / téléphone :

Appareil / Site internet :

Adresse mail :

Mot de passe :

Question secrète / mail de récupération / téléphone :

P

Appareil / Site internet :

Adresse mail :

Mot de passe :

Question secrète / mail de
récupération / téléphone :

Appareil / Site internet :

Adresse mail :

Mot de passe :

Question secrète / mail de
récupération / téléphone :

P

Appareil / Site internet :

Adresse mail :

Mot de passe :

Question secrète / mail de
récupération / téléphone :

Appareil / Site internet :

Adresse mail :

Mot de passe :

Question secrète / mail de
récupération / téléphone :

P

Appareil / Site internet :

Adresse mail :

Mot de passe :

Question secrète / mail de
récupération / téléphone :

Appareil / Site internet :

Adresse mail :

Mot de passe :

Question secrète / mail de
récupération / téléphone :

P

Appareil / Site internet :

Adresse mail :

Mot de passe :

Question secrète / mail de
récupération / téléphone :

Appareil / Site internet :

Adresse mail :

Mot de passe :

Question secrète / mail de
récupération / téléphone :

Q

Appareil / Site internet :

Adresse mail :

Mot de passe :

Question secrète / mail de
récupération / téléphone :

Appareil / Site internet :

Adresse mail :

Mot de passe :

Question secrète / mail de
récupération / téléphone :

Q

Appareil / Site internet :

Adresse mail :

Mot de passe :

Question secrète / mail de
récupération / téléphone :

Appareil / Site internet :

Adresse mail :

Mot de passe :

Question secrète / mail de
récupération / téléphone :

Q

Appareil / Site internet :

....

Adresse mail :

....

Mot de passe :

....

Question secrète / mail de
récupération / téléphone :

....

Appareil / Site internet :

....

Adresse mail :

....

Mot de passe :

....

Question secrète / mail de
récupération / téléphone :

....

Q

Appareil / Site internet :

Adresse mail :

Mot de passe :

Question secrète / mail de
récupération / téléphone :

Appareil / Site internet :

Adresse mail :

Mot de passe :

Question secrète / mail de
récupération / téléphone :

Q

Appareil / Site internet :

Adresse mail :

Mot de passe :

Question secrète / mail de
récupération / téléphone :

Appareil / Site internet :

Adresse mail :

Mot de passe :

Question secrète / mail de
récupération / téléphone :

R

Appareil / Site internet :

Adresse mail :

Mot de passe :

Question secrète / mail de
récupération / téléphone :

Appareil / Site internet :

Adresse mail :

Mot de passe :

Question secrète / mail de
récupération / téléphone :

R

Appareil / Site internet :

Adresse mail :

Mot de passe :

Question secrète / mail de
récupération / téléphone :

Appareil / Site internet :

Adresse mail :

Mot de passe :

Question secrète / mail de
récupération / téléphone :

R

Appareil / Site internet :

Adresse mail :

Mot de passe :

Question secrète / mail de
récupération / téléphone :

Appareil / Site internet :

Adresse mail :

Mot de passe :

Question secrète / mail de
récupération / téléphone :

R

Appareil / Site internet :

Adresse mail :

Mot de passe :

Question secrète / mail de
récupération / téléphone :

Appareil / Site internet :

Adresse mail :

Mot de passe :

Question secrète / mail de
récupération / téléphone :

R

Appareil / Site internet :

Adresse mail :

Mot de passe :

Question secrète / mail de
récupération / téléphone :

Appareil / Site internet :

Adresse mail :

Mot de passe :

Question secrète / mail de
récupération / téléphone :

S

Appareil / Site internet :

....

Adresse mail :

....

Mot de passe :

....

Question secrète / mail de
récupération / téléphone :

....

Appareil / Site internet :

....

Adresse mail :

....

Mot de passe :

....

Question secrète / mail de
récupération / téléphone :

....

S

Appareil / Site internet :

Adresse mail :

Mot de passe :

Question secrète / mail de
récupération / téléphone :

Appareil / Site internet :

Adresse mail :

Mot de passe :

Question secrète / mail de
récupération / téléphone :

S

Appareil / Site internet :

Adresse mail :

Mot de passe :

Question secrète / mail de
récupération / téléphone :

Appareil / Site internet :

Adresse mail :

Mot de passe :

Question secrète / mail de
récupération / téléphone :

S

Appareil / Site internet :

Adresse mail :

Mot de passe :

Question secrète / mail de
récupération / téléphone :

Appareil / Site internet :

Adresse mail :

Mot de passe :

Question secrète / mail de
récupération / téléphone :

S

Appareil / Site internet :

Adresse mail :

Mot de passe :

Question secrète / mail de
récupération / téléphone :

Appareil / Site internet :

Adresse mail :

Mot de passe :

Question secrète / mail de
récupération / téléphone :

T

Appareil / Site internet :

Adresse mail :

Mot de passe :

Question secrète / mail de
récupération / téléphone :

Appareil / Site internet :

Adresse mail :

Mot de passe :

Question secrète / mail de
récupération / téléphone :

T

Appareil / Site internet :

Adresse mail :

Mot de passe :

Question secrète / mail de
récupération / téléphone :

Appareil / Site internet :

Adresse mail :

Mot de passe :

Question secrète / mail de
récupération / téléphone :

T

Appareil / Site internet :

Adresse mail :

Mot de passe :

Question secrète / mail de
récupération / téléphone :

Appareil / Site internet :

Adresse mail :

Mot de passe :

Question secrète / mail de
récupération / téléphone :

T

Appareil / Site internet :

Adresse mail :

Mot de passe :

Question secrète / mail de
récupération / téléphone :

Appareil / Site internet :

Adresse mail :

Mot de passe :

Question secrète / mail de
récupération / téléphone :

T

Appareil / Site internet :

Adresse mail :

Mot de passe :

Question secrète / mail de
récupération / téléphone :

Appareil / Site internet :

Adresse mail :

Mot de passe :

Question secrète / mail de
récupération / téléphone :

U

Appareil / Site internet :

Adresse mail :

Mot de passe :

Question secrète / mail de
récupération / téléphone :

Appareil / Site internet :

Adresse mail :

Mot de passe :

Question secrète / mail de
récupération / téléphone :

U

Appareil / Site internet :

Adresse mail :

Mot de passe :

Question secrète / mail de
récupération / téléphone :

Appareil / Site internet :

Adresse mail :

Mot de passe :

Question secrète / mail de
récupération / téléphone :

U

Appareil / Site internet :

Adresse mail :

Mot de passe :

Question secrète / mail de
récupération / téléphone :

Appareil / Site internet :

Adresse mail :

Mot de passe :

Question secrète / mail de
récupération / téléphone :

U

Appareil / Site internet :

Adresse mail :

Mot de passe :

Question secrète / mail de
récupération / téléphone :

Appareil / Site internet :

Adresse mail :

Mot de passe :

Question secrète / mail de
récupération / téléphone :

U

Appareil / Site internet :

Adresse mail :

Mot de passe :

Question secrète / mail de
récupération / téléphone :

Appareil / Site internet :

Adresse mail :

Mot de passe :

Question secrète / mail de
récupération / téléphone :

V

Appareil / Site internet :

Adresse mail :

Mot de passe :

Question secrète / mail de
récupération / téléphone :

Appareil / Site internet :

Adresse mail :

Mot de passe :

Question secrète / mail de
récupération / téléphone :

V

Appareil / Site internet :

....

Adresse mail :

....

Mot de passe :

....

Question secrète / mail de
récupération / téléphone :

....

Appareil / Site internet :

....

Adresse mail :

....

Mot de passe :

....

Question secrète / mail de
récupération / téléphone :

....

V

Appareil / Site internet :

....

Adresse mail :

....

Mot de passe :

....

Question secrète / mail de
récupération / téléphone :

....

Appareil / Site internet :

....

Adresse mail :

....

Mot de passe :

....

Question secrète / mail de
récupération / téléphone :

....

V

Appareil / Site internet :

....

Adresse mail :

....

Mot de passe :

....

Question secrète / mail de
récupération / téléphone :

....

Appareil / Site internet :

....

Adresse mail :

....

Mot de passe :

....

Question secrète / mail de
récupération / téléphone :

....

V

Appareil / Site internet :

Adresse mail :

Mot de passe :

Question secrète / mail de
récupération / téléphone :

Appareil / Site internet :

Adresse mail :

Mot de passe :

Question secrète / mail de
récupération / téléphone :

W

Appareil / Site internet :

Adresse mail :

Mot de passe :

Question secrète / mail de
récupération / téléphone :

Appareil / Site internet :

Adresse mail :

Mot de passe :

Question secrète / mail de
récupération / téléphone :

W

Appareil / Site internet :

Adresse mail :

Mot de passe :

Question secrète / mail de
récupération / téléphone :

Appareil / Site internet :

Adresse mail :

Mot de passe :

Question secrète / mail de
récupération / téléphone :

W

Appareil / Site internet :

Adresse mail :

Mot de passe :

Question secrète / mail de
récupération / téléphone :

Appareil / Site internet :

Adresse mail :

Mot de passe :

Question secrète / mail de
récupération / téléphone :

W

Appareil / Site internet :

Adresse mail :

Mot de passe :

Question secrète / mail de
récupération / téléphone :

Appareil / Site internet :

Adresse mail :

Mot de passe :

Question secrète / mail de
récupération / téléphone :

W

Appareil / Site internet :

Adresse mail :

Mot de passe :

Question secrète / mail de
récupération / téléphone :

Appareil / Site internet :

Adresse mail :

Mot de passe :

Question secrète / mail de
récupération / téléphone :

X

Appareil / Site internet :

Adresse mail :

Mot de passe :

Question secrète / mail de
récupération / téléphone :

Appareil / Site internet :

Adresse mail :

Mot de passe :

Question secrète / mail de
récupération / téléphone :

X

Appareil / Site internet :

Adresse mail :

Mot de passe :

Question secrète / mail de
récupération / téléphone :

Appareil / Site internet :

Adresse mail :

Mot de passe :

Question secrète / mail de
récupération / téléphone :

X

Appareil / Site internet :

Adresse mail :

Mot de passe :

Question secrète / mail de récupération / téléphone :

Appareil / Site internet :

Adresse mail :

Mot de passe :

Question secrète / mail de récupération / téléphone :

X

Appareil / Site internet :

Adresse mail :

Mot de passe :

Question secrète / mail de
récupération / téléphone :

Appareil / Site internet :

Adresse mail :

Mot de passe :

Question secrète / mail de
récupération / téléphone :

X

Appareil / Site internet :

Adresse mail :

Mot de passe :

Question secrète / mail de
récupération / téléphone :

Appareil / Site internet :

Adresse mail :

Mot de passe :

Question secrète / mail de
récupération / téléphone :

Y

Appareil / Site internet :

Adresse mail :

Mot de passe :

Question secrète / mail de
récupération / téléphone :

Appareil / Site internet :

Adresse mail :

Mot de passe :

Question secrète / mail de
récupération / téléphone :

Y

Appareil / Site internet :

Adresse mail :

Mot de passe :

Question secrète / mail de
récupération / téléphone :

Appareil / Site internet :

Adresse mail :

Mot de passe :

Question secrète / mail de
récupération / téléphone :

Y

Appareil / Site internet :

Adresse mail :

Mot de passe :

Question secrète / mail de
récupération / téléphone :

Appareil / Site internet :

Adresse mail :

Mot de passe :

Question secrète / mail de
récupération / téléphone :

Y

Appareil / Site internet :

Adresse mail :

Mot de passe :

Question secrète / mail de récupération / téléphone :

Appareil / Site internet :

Adresse mail :

Mot de passe :

Question secrète / mail de récupération / téléphone :

Y

Appareil / Site internet :

Adresse mail :

Mot de passe :

Question secrète / mail de
récupération / téléphone :

Appareil / Site internet :

Adresse mail :

Mot de passe :

Question secrète / mail de
récupération / téléphone :

Z

Appareil / Site internet :

Adresse mail :

Mot de passe :

Question secrète / mail de récupération / téléphone :

Appareil / Site internet :

Adresse mail :

Mot de passe :

Question secrète / mail de récupération / téléphone :

Z

Appareil / Site internet :

Adresse mail :

Mot de passe :

Question secrète / mail de
récupération / téléphone :

Appareil / Site internet :

Adresse mail :

Mot de passe :

Question secrète / mail de
récupération / téléphone :

Z

Appareil / Site internet :

Adresse mail :

Mot de passe :

Question secrète / mail de
récupération / téléphone :

Appareil / Site internet :

Adresse mail :

Mot de passe :

Question secrète / mail de
récupération / téléphone :

Z

Appareil / Site internet :

Adresse mail :

Mot de passe :

Question secrète / mail de
récupération / téléphone :

Appareil / Site internet :

Adresse mail :

Mot de passe :

Question secrète / mail de
récupération / téléphone :

Z

Appareil / Site internet :

Adresse mail :

Mot de passe :

Question secrète / mail de
récupération / téléphone :

Appareil / Site internet :

Adresse mail :

Mot de passe :

Question secrète / mail de
récupération / téléphone :

Notes

Notes

Notes

Notes

Notes

Notes

Notes

Notes

Notes

Notes